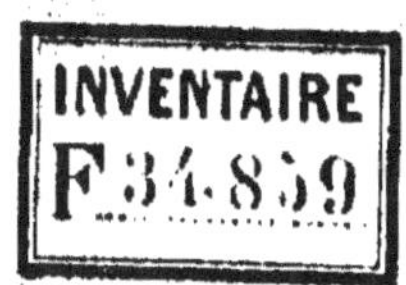

Thèse

Pour le Doctorat

René Ferry

De actione aqua pluvia argenti

Strasbourg
1869

F

UNIVERSITÉ DE FRANCE.

ACADÉMIE DE STRASBOURG.

THÈSE
POUR LE DOCTORAT,

PRÉSENTÉE

A LA FACULTÉ DE DROIT DE STRASBOURG,

ET SOUTENUE PUBLIQUEMENT

le mardi 17 août 1869, à trois heures du soir,

PAR

RENÉ FERRY,

de Saint-Dié (Vosges)

STRASBOURG,

TYPOGRAPHIE DE E.-P. LE ROUX, RUE DES HALLEBARDES, 34.

1869.

FACULTÉ DE DROIT DE STRASBOURG.

Professeurs.

MM. AUBRY O✳ doyen.... Droit civil.
HEIMBURGER .... Droit romain.
RAU ✳ .... Droit civil.
LAMACHE ✳ .... Droit administratif.
DESTRAIS.......... Procédure civile et législation criminelle.
MUGNIER .... Droit civil.
LEDERLIN .... Droit romain.
N. .... Droit commercial.

Agrégés.

MM. LECOURTOIS.
LANUSSE.

M. BÉCOURT, officier de l'Université, secrétaire, agent comptable

Examinateurs de la Thèse.

MM. HEIMBURGER, président.
RAU.
LAMACHE.
DESTRAIS.
LANUSSE.

DE ACTIONE AQUÆ PLUVIÆ ARCENDÆ.

1. *Servitude d'écoulement des eaux.*

Personne ne peut envoyer de l'eau, de la fumée ou autre chose sur le fonds d'autrui, s'il n'a un droit de servitude (l. 8, § 5, *si serv. vind.*).

Le droit de laisser écouler l'eau peut résulter soit de la nature des lieux, soit de la convention ou de l'ancienneté (l. 2, pr.).

L'action *aquæ pluviæ arcendæ* est donnée au propriétaire dominant pour lever tout obstacle à l'exercice de la servitude, au propriétaire servant pour en empêcher l'aggravation (l. 1, § 13).

2. *État naturel des lieux.*

Le fonds inférieur est assujeti à recevoir l'eau qui s'écoule naturellement du fonds supérieur (l. 1, § 23).

Cependant M. Demolombe conteste que les Romains reconnaissent à cette obligation dérivant de la nature des lieux le caractère de servitude.

«Le droit de laisser écouler l'eau sur le fonds inférieur est si peu une servitude qu'on ne se sert pas de l'action confessoire ou négatoire pour y prétendre ou la repousser, mais d'une action spéciale créée par l'édit du préteur.»

D'abord l'action n'est pas prétorienne, mais civile (l. 22, § 2, *de statulib.*, l. 21). Et puis l'argument prouve trop : l'action *pluviæ arcendæ* est seule recevable, aussi bien quand l'écoulement des eaux est imposé par la convention que quand il l'est par la nature des lieux.

3. *Convention et ancienneté.*

La convention ou l'ancienneté pouvait éteindre, diminuer ou aggraver la servitude.

1° LA CONVENTION.

Il faut y ajouter les conditions (*leges*) imposées aux *agri quæstorii* ou *assignati* par le magistrat fondateur de la colonie (l. 1, § 23; l. 23, pr.), l'exécution de travaux publics (l. 2, § 3).

2° L'ANCIENNETÉ.

Paul, qui compte parmi les sources des servitudes ce qu'il appelle *vetustas*, développe toujours cette expression par ces mots «nec memoriam extare» (l. 2, § 1, 3, 4, 5, 7). C'est l'immémorialité qui, aux yeux de Paul, de Labéon, de Cassius, de Varus, remplace le titre légal. Labéon donne de l'immémorialité une définition qui n'en fait pas une condition facile à remplir : il ne suffit pas qu'on ne puisse pas indiquer l'année et le jour; il faut que personne n'existe, se souvenant d'avoir entendu dire que quelqu'un ait vu construire l'ouvrage (l. 2, § 8; *adde* l. 28, *de probat.*). Ulpien (l. 1, § 23) parle de *diuturnus usus, longa consue-*

tudo, termes qui désignent souvent la *possessio longi temporis* (l. 1, C. *de servit. et aq.*), et exige seulement l'absence de vices de la possession. «Si tamen lex agri non inveniatur, vetustatem vicem legis tenere : sane enim et in servitutibus hoc idem sequimur ut ubi servitus non invenitur imposita, qui diu usus est servitute neque vi neque precario neque clam habuisse longa consuetudine vel ex jure impositam servitutem videatur» (l. 1, § 23).

Ainsi, malgré la loi Scribonia, on était revenu à admettre le temps comme mode d'acquisition des servitudes : celui qui profitait d'une digue faite sur le fonds supérieur ou d'un fossé creusé sur le fonds inférieur, pouvait y acquérir un droit de servitude par l'ancienneté.

5. *Aggravation.*

Il y a aggravation de la servitude quand l'eau est envoyée en plus grande abondance, avec plus de rapidité ou de violence (l. 1, § 1) : cela explique la nécessité de la servitude *stillicidii immittendi :* le toit est moins perméable que le sol et l'eau tombe de plus haut.

On considérait même comme aggravation (à tort, ce me semble) le fait de niveler un terrain (l. 3, § 2).

Il y a aggravation dans le fait de disperser les eaux sur une plus grande surface ou de les envoyer après les avoir corrompues (l. 3, pr.).

On ne saurait considérer comme aggravation les changements nécessaires à la culture (*causa agri colèndi* (l. 1, § 8), pourvu que ce ne soit pas une culture qui impose des charges exceptionnelles, comme par exemple, une saulaie (l. 1, § 6).

C'est à tort que Trébatius ne permet que les travaux pour la culture du blé (l. 1, § 3). On doit admettre avec Labéon (l. 1, § 7) les travaux faits pour recueillir dans les champs des fruits et des récoltes de quelque nature que ce soit. Paul donne de *fruges* une définition extrêmement large : «frugem pro reditu appellari ; non solum quod frumentis, aut leguminibus, verum et quod ex sylvis, cæduis, cretifodinis, lapidicinis capitur» (*De Verb. sign.* l. 77). L'état naturel des fonds est non-seulement la culture, mais encore l'exploitation de tous les produits qu'ils renferment (AR.[1], II. p. 489, n. 21 et p. 505, n. 12). Après avoir cultivé en champ, je puis transformer en pré, bien que la fréquence des irrigations ait pour effet de rendre les eaux plus dommageables (l. 3, § 2). Les *sulci aquarii* étaient prohibés ; les *fossæ agrorum siccandorum causa* étaient permises ; toutefois les sillons doivent être dirigés de façon à aboutir à un seul point (l. 1, § 5).

Bien qu'il ne soit pas permis d'élever une digue contre les crues d'un étang ou d'un fleuve, si elle fait refluer l'eau vers les propriétés voisines (l. 1, § 2, et l. 23, § 2), on peut cependant en construire une pour se préserver contre l'irruption soudaine d'un torrent (l. 2, § 9; Cass. 11 juil. 60, 61, 510; Chambéry 14 août 68, 69, 72).

Quand le propriétaire supérieur a acquis le droit

---

[1] Cette abréviation désigne Aubry et Rau, *Droit civil*, 3e éd.

d'avoir sur le terrain inférieur des fossés de dessé-chement, il y a aggravation de la servitude, s'il les laisse s'ensabler : et dès lors il peut être forcé par l'action *aquæ pluviæ arcendæ* à les curer (l. 2, § 4 et 10; l. 29, *de serv. præd. rust.*).

5. *A quelles conditions l'action est recevable.*

Pour que l'action soit donnée, il faut :

1° *Ut sit aqua pluvia.*

Toutefois on l'accordait quand l'eau d'un fleuve ou d'un marais avait été enflée par la pluie (l, 1, § 2; l. 23, § 2; l. 1, pr.), même la loi 3, pr., l'ad-met pour l'eau de source, et Trébatius pour des eaux thermales; mais son opinion est contredite (l. 3, § 1).

2° *Ut noceat agro.*

Si l'eau menace un édifice, il faut agir par l'action négatoire «jus non esse stillicidia immittere.» C'est ce qui faisait dire à Labéon et Cascellius que l'action *pluviæ arcendæ* était spéciale aux champs; l'action *de fluminibus et stillicidiis* au contraire générale et applicable à tous les cas (l. 1, § 17).

Mais fallait-il que l'eau vînt d'un champ? C'était l'opinion de Cassius. Labéon admettait l'action lors même que l'eau dommageable à un champ venait d'un édifice (l. 1, § 19 et 20).

3° *Ut sit manufactum opus.*

L'action, en effet, ne peut être donnée, lors-qu'une digue ou un fossé ont été détruits par un accident naturel, qu'autant que ces moyens de défense ou d'assainissement ont été établis de main d'homme; seulement alors on a pu acquérir un droit par prescription et l'on a l'action *pluviæ arcendæ*, remplissant pour ainsi dire le rôle d'action confessoire, pour garantir la conservation de la servitude et se faire autoriser à rétablir les lieux (l. 2, § 1 et 7; l. 11, § 6).

Si, au contraire, la digue renversée ou le fossé comblé étaient naturels, on n'a pu y acquérir aucun droit par prescription, et par suite on n'a pas l'action. Toutefois Labéon ajoute : «Quanquam deficiat actio aquæ arcendæ, opinor utilem actionem, vel interdictum competere, mihi adversus vicinum, si velim aggerem restituere in agro ejus; qui factus mihi quidem prodesse potest, ipsi vero nihil nociturus est. Hæc æquitas suggerit, etsi jure deficiamur.» (l. 2, § 5 et 6).

4° *Ut aqua immittatur*.

Il est toujours permis de priver le voisin d'un avantage dont on l'a laissé profiter jusqu'alors, mais auquel il n'a acquis aucun droit. Notre titre cite comme exemple le fait de couper dans son fonds les veines de la source du voisin; mais il faut qu'il n'y ait aucun droit acquis par servitude (l. 1, § 11, 12 et 21; l. 21). Le propriétaire supérieur peut retenir l'eau de pluie, et même je crois que le propriétaire inférieur ne peut y acquérir aucun droit, parce qu'il n'y a pas causa perpetua. (de *aq. cot.*, l. 1, § 5; *de fonte*, l. 1, § 4).

6. *Quel est le caractère de l'action?*

Elle est *civile* : elle vient de la loi des douze Tables (*de statulib.*, l. 21). Le plus souvent elle est donnée comme actio *legitima ;* elle peut l'être aussi comme action *utile* (l. 22, § 2).

Quoiqu'elle se rapproche quant à son but de l'action négatoire «jus non esse stillicidia immittere», elle est personnelle (l. 6, § 5).

Elle peut être conçue *in factum ;* ce qui le prouve, c'est que le préteur l'accorde quelquefois comme action arbitraire. (Zimmern, des actions, p. 205).

L'action arbitraire se distingue par la formule de la *condemnatio* «quanti ea res erit, tantam pecuniam, nisi restituat, ex bona fide condemna». Le juge, en effet, a mission, avant de prononcer la sentence définitive qui doit tendre à une somme d'argent, de donner l'ordre au défendeur de satisfaire le demandeur. «Officium judicis hoc erit : ut, si quidem a vicino opus factum sit, eum jubeat restituere (l. 6, § 6). Le défendeur peut être forcé à la restitution : «per arbitrium aquæ pluviæ arcendæ posse *cogere*» (l. 24, § 1).

Le juge fixe le montant de la condamnation sur la restitution à faire et plus généralement sur la satisfaction à donner au demandeur d'après l'équité «In actionibus arbitrariis permittitur judici ex æquo et bono æstimare quemadmodum actori satisfieri oporteat» (*Inst.* VI, § 31, fin.), et à notre titre, «Æstimationem autem judex faciet ex rei veritate» (l. 6, § 8).

La restitution ne consiste pas seulement dans le rétablissement des lieux : il faut, en outre, réparer le dommage causé depuis la litis contestatio : «res restituenda cum fructibus, cum omni causa».

L'action est *scripta in rem,* c'est-à-dire donnée contre tout détenteur.

7. *A quoi tend l'action ?*

L'action tend à obtenir,

1° le rétablissement des lieux :

La destruction de l'ouvrage est aux frais du détenteur quand lui-même l'a fait ou quelqu'un dont il est l'héritier (l. 6, § 7). Il ne peut se soustraire en déguerpissant à cette obligation toute personnelle «suo nomine convenitur ut opus tollat» (l. 7). Si c'est son esclave qui l'a construit, il peut faire l'abandon noxal (l. 6, § 7).

Si c'est son locataire, il n'est tenu qu'à laisser détruire. Mais s'il rétablit les lieux, peut-il recouvrer ses frais par l'*actio locati?* Il est permis d'en douter, car il n'y était pas tenu (l. 5).

Au contraire, le successeur à titre particulier de l'auteur de l'*opus* n'est obligé qu'à laisser détruire, s'il est de bonne foi, et il peut, s'il préfère, déguerpir (l. 7, § 1, — acheteur, donataire, légataire, associé ou copropriétaire — l. 12, l. 11, § 2). Dans tous ces cas le demandeur pouvait récupérer ses frais contre l'auteur de l'opus par l'interdit *quod vi aut clam* (l. 13).

2° La réparation du dommage qui a été causé par l'*opus* depuis la *litis contestatio* et qui se trouve être ainsi une conséquence du refus de rétablir ou de laisser rétablir les lieux (l. 6, § 6; AR., p. 569, n. 3, p. 134 et 351, n. 12).

Pour la réparation du dommage causé avant la *litis contestatio,* il faut agir par l'*operis novi nuntiatio :* celle-ci doit être intentée avant la terminaison de l'*opus*; toutefois, s'il n'y a pas eu négligence de la part du demandeur, on lui accorde l'interdit *quod vi aut clam* (l. 14, § 3).

Comme le juge doit toujours se reporter à l'époque de la *litis contestatio* pour prononcer sa sentence, il ne peut s'occuper d'un ouvrage construit postérieurement; il faut, pour celui-ci, introduire une nouvelle instance (l. 14, § 4, et l. 15; l. 23, *de judiciis*).

8. *A qui appartient l'action ?*

Pour agir, il ne suffit pas d'avoir subi un préjudice, par exemple comme locataire. Car c'est poser cette question : «le dommage est-il *jure datum,* causé dans l'exercice d'un droit de servitude?» Une pareille action est une véritable revendication de la franchise de la propriété; elle ne peut dès lors être intentée que par celui qui a au moins un démembrement de la propriété. Elle est donnée au propriétaire (l. 22, § 3), à celui qui a une servitude de passage (l. 25), au possesseur d'un *ager vectigalis* (l. 23, § 1), sans doute aussi à l'emphytéote.

Elle est accordée utilement à l'usufruitier (l. 22).

Pour le même motif, si le fonds menacé change de main depuis l'établissement de l'*opus,* l'action ne peut être intentée que par le propriétaire actuel (l. 6, § 4).

S'il est vendu pendant l'instance, le juge, devant prononcer comme si l'on était encore à l'époque de la *litis contestatio,* allouera les dommages-intérêts à celui qui était alors propriétaire, mais celui-ci devra les restituer à l'acheteur (l. 16).

9. *Contre qui est donnée l'action?*

Il est évident que pour rétablir les lieux le consentement de tous ceux, qui ont des droits réels sur l'immeuble, est nécessaire et suffisant.

Aussi l'action est donnée contre le propriétaire (l. 5), utilement contre l'usufruitier (l. 22, § 2); elle n'est pas donnée contre le locataire (l. 5), ni contre celui qui a construit sur un lieu public (l. 3, § 3).

On peut agir contre celui qui envoie les eaux en faisant un sépulcre sur son fonds (l. 4, pr.). Ce n'est pas une exception au principe qu'on ne peut agir que contre le propriétaire; car le terrain où l'on ensevelit un mort ne devient religieux que sous réserve des droits réels qui existent sur ce fonds (*Inst.*, 2, 1, 9..

Quand le fonds a changé de main depuis la construction de l'*opus*, c'est contre le propriétaire actuel que l'action doit être intentée (l. 6, § 4).

Quand le défendeur aliène l'immeuble pendant l'instance, il doit être condamné à réparer le dommage antérieur à l'aliénation; mais pour celui qui est postérieur, il faut agir contre l'acquéreur, à moins qu'on ne préfère agir contre le vendeur par l'action *de alienatione judicii mutandi causa* (l. 16; l. 4, § 1).

Lorsque plusieurs propriétaires ont construit sur le fonds qui leur appartient en commun, un ouvrage dommageable, et qu'on agit contre l'un d'eux, est-il tenu *in solidum* pour le dommage postérieur à la *litis contestatio* et le non rétablissement des lieux? Il ne doit être condamné que *pro parte* (l. 11, § 3), comme au cas de *damnum infectum* (l. 40, § 3, et l. 27 *de damno infecto*. V. *contra* Aix 14 mai 25, 27, 336; Duranton II, p. 229; AR. 3, p. 17, n. 32).

L'on peut agir contre celui du fonds duquel vient l'eau, lors même que sa propriété n'est pas contiguë (l. 6, pr.), et que le fonds intermédiaire est public (l. 3, § 3).

DE L'AUTORISATION DES USINES SUR LES COURS D'EAU NON NAVIGABLES NI FLOTTABLES.

Propriété des cours d'eau ni navigables ni flottables.

Cette Thèse a trait exclusivement aux cours d'eau non navigables ni flottables. — Dès le début se dresse cette question, objet de bien des controverses : A qui appartiennent les cours d'eau non navigables ni flottables ?

L'indemnité pour la valeur du lit, largement compensée par l'obligation de payer l'impôt, paraît un bien mince intérêt pour avoir allumé de si vives discussions ! C'est qu'à côté de la propriété du lit, il y a une autre conséquence, celle-ci médiate et indirecte, c'est la propriété de la pente. Proclamer que ces cours d'eau appartiennent aux riverains, c'est confirmer dans leurs mains le droit sur la pente, que l'article 644 leur reconnaît virtuellement, et dont la jurisprudence actuelle tend à les dépouiller pour en saisir l'administration.

1. Premier système. Propriété de l'État.

Pour l'État, on a invoqué les droits des anciens seigneurs hauts justiciers ; mais ceux-ci n'ont jamais eu qu'un pouvoir de police analogue à celui qu'a aujourd'hui l'administration. Par exemple, la coutume du Maine (ch. X, a. 21) déclarait expressément que les riverains étaient propriétaires de l'eau, et cependant exigeait, «pour élever bonde ou étang, le congé du seigneur.» Ainsi la propriété était aux riverains, la police aux seigneurs; encore s'exerçait-elle moins sévèrement qu'aujourd'hui; car le plus souvent là où un moulin ne pouvait faire concurrence au droit de banalité du seigneur, chacun était libre d'en établir, sans qu'aucune autorisation fût nécessaire (Fabert, *coutume de Lorraine*, p. 122.)

On invoque en second lieu la loi du 3 frimaire an VII qui dispense de l'impôt *les rivières;* mais elle a été faite à une époque où on ne savait encore quelles rivières feraient partie du domaine public : elle s'en réfère donc sur ce point aux lois à venir, c'est-à-dire au Code civil.

Or, le Code civil (art. 538) ne comprend dans le domaine public que les rivières navigables et flottables ; les autres en sont donc exclues. Il est vrai que l'argument est *a contrario;* mais ce raisonnement a cette fois de la force, parce qu'il nous ramène au droit commun. En effet, la domanialité publique avec les conséquences qu'elle entraîne (inaliénabilité, imprescriptibilité) est l'exception, et l'argument *a contrario,* qui nous en éloigne, a une valeur incontestable. — Et puis, si tous les cours d'eau dépendent du domaine public, que faire de l'art. 644, qui ne s'applique qu'à ceux qui n'en font pas partie? Il est vrai que certains partisans de l'État (Agen 3 mars 56, 136; Bordeaux 7 août 62,

63, 110) échappent à cette objection irrésistible, en faisant des ruisseaux une catégorie à part qu'ils abandonnent à la propriété privée. Mais, comme cette division des cours d'eau non navigables ni flottables en deux classes ne se trahit nulle part dans nos lois, elle doit être rejetée comme arbitraire.

2. *Deuxième système.*

1° L'eau courante est *res nullius :* et, comme il est impossible de concevoir de rivière sans eau, la rivière est aussi *res nullius.* (Agen 4 mars 66, 136; Bordeaux 7 août 62, 63, 110). [1]

L'*aqua profluens*, cette chose qui se renouvelle sans cesse de sorte que les services rendus à l'un ne diminuent pas les services qu'elle peut rendre à l'autre, est chose commune, en ce sens que chacun peut, s'il a droit d'en approcher, y boire, y abreuver ses bestiaux, y puiser pour ses usages domestiques. Voici quel en est le motif. Il serait inhumain de refuser une chose essentielle à la vie qu'on peut accorder sans s'appauvrir (Cicéron, des Devoirs, 1, 16). Un arrêt (Cass. 13 juin 28, 27, 473) décide dans le même sens que le droit de puiser de l'eau pour les besoins domestiques dans le bief d'un moulin doit être contenu dans des limites telles qu'il ne puisse nuire au meunier.

Ainsi toute la portée du principe revient à dire que celui qui a droit à l'eau courante ne doit pas

---

[1] Le dernier nombre indique la page du recueil de Sirey; l'avant-dernier, l'année de ce recueil.

par son refus laisser périr de soif son prochain. Il n'y a donc aucune contradiction à admettre ce principe et à déclarer que le cours d'eau est susceptible de propriété privée. C'est ce que les Romains ont parfaitement compris, distinguant l'eau courante qui est chose commune, le fleuve qui peut être propriété privée (*de flum.* l. 1, § 10). De même Cujas explique que chacun peut profiter de l'eau courante; mais qu'autre chose est le fleuve, qu'il est propriété publique, qu'on ne saurait y construire, comme par exemple dans la mer, sans permission de l'État. Et enfin Sainct-Yon : «Nous disons que les rivières particulières sont les petites et non navigables, qui passent et ont leur cours au dedans des domaines et héritages des particuliers qui ou par la coutume, ou par concession ou octroy du prince, ou par prescription et longue jouissance, ou par quelque autre titre juste et légitime en ont été faicts et sont tenus et réputez vrais seigneurs.» — «L'usage des rivières, quant à l'eau et à la navigation, ne délaisse pourtant d'être public et commun à un chacun, ce qui autrement serait rude et contre les droicts de nature.»

2° D'autres disent : «Les cours d'eau, il est vrai, sont susceptibles d'appropriation; mais le Code n'en a attribué la propriété à personne; ils sont donc *res nullius.*»

Quelle conséquence devrait-on en tirer? Les *res nullius* appartiennent au premier occupant; le premier donc qui aurait employé la force motrice sans dommage pour personne, sans inconvénient pour la salubrité, en devrait avoir acquis la propriété.

Mais telle n'est pas leur conclusion. «Ce qui n'appartient à personne, disent-ils, l'administration est maîtresse d'en disposer, elle seule peut y conférer un droit.» Certes, ce n'était pas la peine de faire intervenir les *res nullius* pour aboutir, par je ne sais quelle secousse qui rompt le raisonnement, à l'omnipotence administrative : mieux valait être franc et déclarer de suite la propriété de l'État.

3. *Troisième système. Propriété des riverains.*

Les adversaires des riverains leur opposent l'art. 563 ; mais, comme en même temps ils reconnaissent que c'est une disposition inspirée par l'équité et difficile à justifier en droit, on peut dire : «Quod contra rationem juris receptum est, non producendum ad consequentias.»

2° *De la propriété de la pente en particulier.*

Sans la pente on ne peut concevoir aucun usage de l'eau : c'est évident pour l'industrie; ce n'est pas moins certain pour l'agriculture; car les canaux d'irrigation doivent avoir une pente d'au moins 0,001 par mètre (Nadaut de Buffon); 0,005 (Matthieu de Dombasle, calendrier du cultivateur, 1838); 0,01 (de Perthuis, ancien ingénieur, De l'irrigation). La plante, fixée au sol, ne peut, comme l'animal, chercher sa nourriture : c'est l'eau qui la lui apporte, qui fournit à ses racines l'air, les sels, l'engrais indispensables à son développement. Si l'on arrête l'eau dans son cours, la plante meurt privée d'aliments; la prairie devient un marais; et à l'inverse, pour transformer un marais en prairie, il suffit de donner à l'eau un écoulement qui lui permette de se renouveler : le drainage n'a pas d'autre objet. Ainsi le droit à l'eau implique nécessairement le droit à la pente.

Or le droit à l'eau est certain, il résulte de l'art. 644 (AR. 2, § 246, n. 9); et cet article, pour montrer combien la pente est inséparable de l'usage de l'eau, permet à celui qui a les deux rives, de changer le cours de l'eau, d'augmenter ou de diminuer la pente, de la modifier à son gré et par suite d'en disposer.

Donc l'eau et la pente appartiennent au riverain : ce sont des avantages dont il ne peut être privé sans indemnité, pas plus que le propriétaire, de la mine contenue dans son sol, lors même qu'il ne l'exploite pas (Dav. 617 et 625; Tarbé de Vauxclairs. Moulins; Cormenin 3ᵉ éd., 2, p. 26).

3° *Jurisprudence de la Cour de cassation.*

La nature des cours d'eau non navigables ni flottables ne fait pas obstacle à ce qu'ils appartiennent à un particulier; ainsi les concessions des anciens seigneurs hauts justiciers, consenties sous le régime de la législation antérieure à 1789, peuvent de nos jours être invoquées comme titres de propriété (Cass. 8 mars 65, 108; 17 juil. 66, 425). Ce sont les lois intermédiaires et le Code Napoléon qui ont changé la condition légale des cours d'eau : d'après le droit nouveau «ce ne sont que des choses utilisées du genre de celles définies par l'art. 714». (Cass. 17 juil. 66, 425; 8 mars 65, 108; 14 fév. 33, 418; 10 juin 46, 433; 23 mai 58, 59, 682; 6 mai 61, 958; Cons. 13 août 51, 52, 78).

D'après la jurisprudence, les seigneurs hauts justiciers pouvaient, en concédant à un meunier le droit de s'établir sur un cours d'eau, lui conférer le privilége d'user des eaux, à l'exclusion des riverains. Pareille concession a encore aujourd'hui plein effet; mais il faut que le titre de concession ait été régulièrement constitué sous l'empire de cette législation, l'origine seigneuriale du moulin n'y supplée pas : or, comme pour ceux qui leur appartenaient, les seigneurs ont négligé de se constituer des titres à eux-mêmes, ce sont eux surtout qui ont été frappés de la déchéance du privilége. (S. 66, 1, 425 note; AR. 2, 529, n. 33. — Sur les redevances, v. Daviel n. 605; Colmar 8 fév. 28, 139).

La Cour de cassation est partie de ce principe que les seigneurs hauts justiciers étaient propriétaires des cours d'eau non navigables. Mais il est permis de douter de l'exactitude de cette assertion, au moins pour une partie des anciennes provinces de la France (Merlin, v. quest. Pêche, 51; Championnières, p. 705). Si le droit des seigneurs était un véritable droit de propriété, les lois abolitives de la féodalité n'ont pu y porter atteinte. «Si les rivières non navigables étaient réellement, avant les décrets de 1789, dans la propriété des seigneurs, n'en doutons pas, elles y sont encore. (Merlin, cours d'eau, § 1).» Au contraire, s'ils n'avaient sur les cours d'eau qu'un droit de justice ou de directe, ce droit s'est éteint entre les mains du concessionnaire, comme il se serait éteint dans celles du seigneur (Championnières, p. 725 et 704).

Pouvoirs de l'administration sur les cours d'eau non navigables ni flottables.

Les actes administratifs qui ont pour objet les cours d'eau se présentent sous trois formes :
1° Règlements de répartition des eaux ;
2° Règlements de police ;
3° Autorisations.

1° Règlements de répartition.

Ils ont pour but de changer le mode de distribution des eaux entre les riverains, de substituer à celui qui est fondé sur la loi, la convention, la prescription, un autre mode plus conforme aux intérêts de l'agriculture ou de l'industrie, plus propre à assurer l'emploi des eaux et à leur faire donner tout ce qu'elles peuvent produire.

On comprend qu'un pareil acte qui va supprimer une foule de droits acquis à l'usage de l'eau, droits qui ont souvent plus de valeur que les propriétés riveraines elles-mêmes, soit un acte éminemment grave et exorbitant du droit commun. Aussi ce règlement ne peut-il être fait qu'en la forme d'acte d'administration publique. Le préfet peut prendre un règlement qui consacre les droits acquis ; mais, dès qu'il devient nécessaire d'y porter atteinte, le Conseil d'État est seul compétent (Cons. 18 août 56, 57, 458 ; 20 juil. 60, 502 ; 18 mars 68, 69, 31 ; 26 août 67, 68, 262). Toutefois, tant que l'arrêté préfectoral n'a par été annulé par le Conseil d'Etat, la Cour de cassation est d'avis que les tribunaux doivent l'appliquer : c'est sans doute parce que le

Conseil d'État seul peut apprécier si l'arrêté est fondé sur un intérêt de police ou, au contraire, seulement d'utilité générale (Cass., 3 août 63, 413). « Attendu que tous ces droits, alors même qu'on en reconnaîtrait l'existence, ont été effacés par les décisions préfectorales précitées qui, *tant qu'elles seront maintenues*, doivent seules et exclusivement servir de règle aux riverains.»

Le riverain que le règlement prive de l'usage des eaux, a, d'après la plupart des auteurs, une action en dommages-intérêts contre celui à qui elles sont attribuées (Dal. 422; Cons., 23 août 36, 37, 43; Aubry et Rau, II, p. 529, n. 35, et p. 533, n. 54). Toutefois cette action n'est pas admise par Bourguignat (*Législ. des ét. insal.*, n. 203 et 330), «même si les droits des tiers ont été expressément réservés.» Sirey ajoute en note (63, 1, 413) : «Le riverain qui, par suite de l'application de ce règlement, bénéficierait de tout ce que son voisin perdrait dans l'usage antérieur qu'il faisait des eaux, peut toujours se retrancher, vis-à-vis de celui-ci, derrière le motif d'utilité générale qui a déterminé l'acte administratif. D'ailleurs il n'a rien demandé et, s'il profite de la mesure, c'est sans que sa volonté y ait contribué.» S. n. 62, 113. Et puis, serait-ce l'art. 1382 qui servirait de base à la fixation de l'indemnité, ou ce principe que «nul ne doit s'enrichir aux dépens d'autrui ?» Mais, lors même qu'on reconnaîtrait au riverain cette action en dommages-intérêts, ses droits ne seraient pas suffisamment sauvegardés : car il sera bien difficile, au milieu des nouvelles modifications du cours d'eau, de savoir qui profite directement de l'avantage dont il a été privé. Si le riverain auquel on a interdit une ancienne prise d'eau d'irrigation recourt contre l'usinier inférieur, celui-ci va lui répondre : «Mais ce n'est pas moi seul qui profite de l'augmentation du volume des eaux, ce sont tous ceux qui s'en servent depuis ici jusqu'à la mer. Partagez donc votre action entre nous tous!» — Le droit acquis ne sera respecté comme il doit l'être que quand l'indemnité pourra être demandée à l'État, sauf à celui-ci à la recouvrer contre ceux qui profitent du règlement, proportionnellement à l'avantage qu'ils en retirent. Je ne puis, en effet, admettre que les riverains n'aient, comme sur les cours d'eau du domaine public, qu'un droit précaire, subordonné au bon plaisir de l'administration.

Ce pouvoir de répartition ne s'applique qu'aux cours d'eau naturels et non aux sources, étangs, canaux privés. Toutefois, si le canal ou l'étang reçoit une partie de ses eaux d'un cours d'eau naturel, l'administration peut en régler la restitution aux riverains inférieurs (source : Cons., 23 déc. 58 et 1er mars 60, 345 ; 14 mars 61, 366 ; Cass., 15 avr. 45, 585 ; étang : Cons., 29 janv. 57, 717 ; Cass., 65, 253 ; 20 fév. 39, 414 ; Cons., 14 nov. 21 et 20 juil. 39 ; Dav., n. 810 ; AR. II, p. 522, n. 2 ; canal : Cons., 24 janv. 56, 647 ; 3 juin 58, 59, 272 ; 22 janv. 58, 402 ; Agen, 26 juil. 65, 66, 115).

2° *Règlements de police.*

Tandis qu'au cas précédent l'administration intervient pour réaliser un progrès, une amélioration, il s'agit ici de prévenir un danger, de détourner un fléau : c'est un barrage qui menace d'inondation, qui détermine des miasmes en produisant la stagnation des eaux; la sécurité, la salubrité publiques sont intéressées. Voilà pourquoi nous trouvons l'administration investie de pouvoirs plus étendus : ainsi le préfet peut, quand il s'agit d'un règlement de police, supprimer les droits acquis, tandis qu'il ne le peut pour un règlement de répartition; l'administration peut y soumettre même les eaux privées autres que celles de l'art. 644 (Cass., 2 mars 68, 245; Cons., 29 mars 55, 643).

Y a-t-il lieu à indemnité? Non, si la mesure de police frappe la cause même du mal (*infra*, p. 47). Mais, s'il s'agit de sacrifier la propriété d'un innocent pour le salut de tous, il est dû indemnité (Cons., 13 déc. 42, 43, 106; Cass., 30 août 65, 66, 52; V. Cons., 21 déc. 37, 38, 227).

3° *Autorisations.*

Le particulier qui médite un établissement sur un cours d'eau doit se munir d'une permission administrative : celle-ci a pour but de reconnaître que le nouvel œuvre ne présente aucun danger pour l'ordre public. Cette autorisation a-t-elle pour effet d'attribuer les eaux à celui qui l'obtient nonobstant les droits des tiers? On ne peut l'admettre; car un pareil acte serait un règlement de répartition qui dépasse les pouvoirs du préfet, compétent seulement pour les règlements de police.

Le conseil d'État a fait l'application de ces principes dans nombre d'arrêts. Quand un arrêté préfectoral d'autorisation lui est déféré, il recherche pour chaque article s'il est inspiré par un intérêt de police ou si, au contraire, il n'a d'autre but que de transférer de l'un à l'autre l'usage des eaux : au 1er cas il le maintient, au 2e cas il l'annule.

Du droit d'autoriser les établissements sur les cours d'eau.

1° *Historique et législation actuelle.*

Avant 1789 certaines coutumes exigeaient «pour édifier» moulin le congé du seigneur haut justicier; d'autres pas (Sole, t. 12, a 1; Orléans, t. 8, a 170); d'autres, seulement là où existait un moulin banal qui pût souffrir de cette concurrence (Berry, t. 16, a 2; Lorraine, Fabert, p. 122).

Le 11 août 1789, les justices seigneuriales sont abolies, et avec elles la nécessité d'une autorisation : il me semble qu'on peut dès lors conclure que toutes les usines établies antérieurement se sont trouvées légalisées par suite de leur existence à cette époque d'entière liberté (Dal., eaux, n. 348 : Caen, 19 janv. 38 et 19 août 37; Cass., 23 avr. 44, 712; Cons., 15 mars 44, 277; 1er fév. 55, 445; 13 juin 60, 61, 238).

La loi du 6 oct. 1791, art. 16, tit. 2, rétablit l'obligation de se faire autoriser. «Les meuniers seront forcés de tenir les eaux à une hauteur qui ne nuise à personne et qui sera fixée par le directoire du département, d'après l'avis du directoire de district.»

Ce pouvoir, attribué si formellement aux administrations de département, l'autorité centrale ne tarde pas à se l'arroger : une circulaire de l'an XII exige l'approbation du gouvernement; un avis du comité de l'intérieur du 31 oct. 1817 est conçu dans le même sens. Et le conseil d'État proclama maintes fois que lui seul pouvait conférer un caractère définitif aux actes d'autorisation.

Le décret du 25 mars 1852 sur la décentralisation vint modifier cette jurisprudence : «les préfets statueront sans l'autorisation du ministre des travaux publics, mais sur l'avis et la proposition des ingénieurs en chef et conformément aux règlements et instructions ministérielles (a. 4). Ils devront rendre compte de leurs actes aux ministres compétents, et ceux de ces actes qui seraient contraires aux lois ou règlements ou qui donneraient lieu aux réclamations des parties intéressées pourront être annulés ou réformés par les ministres compétents (a. 6).» Jusqu'alors l'administration ne pouvait invoquer que la loi de 1791 : «Aucune loi, disait Troplong (prescription t. 1, n. 146), ne donne au gouvernement le droit d'autoriser la création des usines sur les cours d'eau non navigables ni flottables, et l'usage contraire n'est qu'un abus, qu'un débris de l'esprit envahisseur de l'administration impériale. Tout le pouvoir de l'autorité administrative se borne à fixer la hauteur des eaux» V. Merlin, Moulin; Pardessus. Serv., n. 97; Dav. 541.

En 1852, le pouvoir ne négligea pas l'occasion de se procurer un texte et de se le faire bien complet : le Tableau n° 3 porte «autorisation sur les cours d'eau ni navigables ni flottables de tout établissement nouveau, tel que moulin, usine, barrage, prise d'eau d'irrigation, patouillet, brocard, lavoir à mine; régularisation de l'existence desdits établissements, lorsqu'ils ne sont pas encore pourvus d'autorisation régulière, ou modification des règlements déjà existants.»

2° *Innovations qui nécessitent l'autorisation.*

Elle est nécessaire toutes les fois qu'il n'y a pas seulement réparation, simple reconstruction, mais innovation importante (Instr. 19 therm. VI) modifiant le régime des eaux et qu'il n'y a pas urgence (Cons. 30 mai 21; Dal. n. 395).

3° *Péremption de l'acte d'autorisation par le non-usage.*

Le conseil d'État l'a admise dans un cas où l'on n'avait pas usé d'une autorisation obtenue depuis 25 ans (18 nov. 52; Duf. 508; V Cons. 27 août 46, 47, 60). Toutefois on peut qualifier cette décision d'arbitraire, car il n'existe aucune loi analogue à l'art. 51 du projet de 1835.

4° *Sanction.*

L'obligation de se faire autoriser est, en général, dépourvue de sanction : en l'absence de tout dommage actuel ou éventuel, la surélévation des eaux ne donne lieu à aucune poursuite.

Il n'y a contravention que si un règlement général prohibe toute construction non autorisée (AR. p. 530, n. 50), ou si l'acte d'autorisation d'une usine fixe la hauteur des eaux, le contrevenant peut être poursuivi devant le tribunal de simple police en vertu de l'art. 471, 15°, C. pén., et ne peut être cité, s'il n'a causé aucun dommage, que par le ministère public.

Toutefois il est de l'intérêt de l'usinier de consulter l'administration, afin de ne pas s'exposer au désagrément d'être obligé de démolir, si le préfet juge que l'établissement nuit au régime du cours d'eau.

Mais nous n'irons pas, avec la jurisprudence qui attribue la propriété de la pente à l'administration, jusqu'à dire que la force motrice pourra, lorsque l'usine n'a pas été autorisée, être supprimée sans indemnité ; la qualité de riverain confère, en effet, sur les cours d'eau non navigables ni flottables des droits dont on ne peut être dépouillé sans indemnité (Dav. 568).

5° *Interprétation de l'acte d'autorisation.*

C'est, en général, au préfet qu'il appartient d'interpréter les actes d'autorisation suivant la règle *Ejus est interpretari, cujus condere legem.* (Cons. 6 fév. 46, 346).

Il est compétent non-seulement si l'autorisation a été accordée par arrêté préfectoral (c'est-à-dire depuis la loi de 1852), mais encore par décret du conseil d'État ou par concession seigneuriale (Duf. 517).

L'autorité judiciaire est compétente pour faire l'application et ordonner l'exécution d'un acte adminstratif qui ne présente ni équivoque ni ambiguité (Cass. 12 août 55, 56, 416 ; 11 janv. 53, 55, 188) ; mais les tribunaux, sous prétexte que l'acte est clair et qu'ils ne font que l'appliquer, ne sauraient en interpréter les clauses réellement ambiguës (Cass. 27 fév. 55, 801; 18 janv. 69, 105); leur incompétence existe *ratione materiæ* (25 avr. 60, 635).

Recours des tiers.

1° *Pouvoir de l'administration active.*

L'autorisation peut être modifiée ou rapportée, si l'intérêtde la police l'exige, par suite de dangers qui n'ont pas été prévus ou d'accidents naturels qui exagèrent les inconvénients de l'usine. L'administration doit agir sans y être provoquée. Les tiers peuvent solliciter son intervention par voie de requête. La demande peut être formée à quelque époque que ce soit, parce qu'on ne prescrit pas contre l'ordre public; elle peut être renouvelée après avoir été repoussée; si elle est rejetée, aucun recours n'est ouvert par la voie contentieuse, car l'administration active est seule juge de l'opportunité des mesures de police (Foucart, 3ᵉ éd. III, p. 433). D'autre part, quand dans l'intérêt de la police l'administration a modifié ou rapporté l'autorisation, par le même motif aucun recours n'est admis de la part du concessionnaire, à moins qu'il ne soutienne que l'acte est entaché d'incompétence ou d'excès de pouvoir, ou que les formes prescrites par les lois ou règlements ont été violées (Cons., 10 mai 51, 665; 19 avr. 55, 735; Batbie, *dr. adm.* V. 432; Dav. 986 *bis*).

2° *Compétence des tribunaux.*

Les tribunaux peuvent-ils accorder aux tiers dont les droits sont lésés par l'établissement, non-seulement des dommages-intérêts, mais encore la suppression ou la réduction de l'ouvrage autorisé?

Il y a trois systèmes.

1er *système.* Les règlements de répartition et de police doivent être appliqués tels quels par les tribunaux : il ne leur appartient pas d'en modifier les effets. Mais il en est autrement d'une autorisation d'usine : elle n'est que la réponse à cette question. «Les travaux projetés nuisent-ils à la police du cours d'eau?» Les tribunaux, il est vrai, ne peuvent étendre les pouvoirs conférés à l'usinier, mais ils peuvent les restreindre; ils peuvent ordonner la suppression de ceux de ces ouvrages qui portent atteinte aux droits des tiers (Dav. III, 986 *bis;* Pardessus II, n. 339; Demol. II, 1, 193; Foucart, 3e éd., p. 431; Batbie. *dr. adm.,* 5, 432).

2e *système.* Les tribunaux ne peuvent ordonner la suppression d'un ouvrage autorisé, car «il serait contraire au principe de la séparation des pouvoirs que l'autorité judiciaire annulât un acte de l'autorité administrative» (Cass., 26 janv. 41, 409; AR. II, p. 829, n. 35).

R. Le tribunal n'annule pas l'autorisation administrative. Celle-ci ne concerne que l'exercice du droit d'user de l'eau; elle en suppose la jouissance : si le droit n'existe pas, elle reste stérile. Elle ne confère aucun droit, elle permet seulement d'exercer celui qui existe. Il y a de même beaucoup de droits dont l'exercice est subordonné à une permission administrative : ainsi le droit de chasse ne peut s'exercer sans permis, la propriété d'une découverte sans brevet d'invention. Est-ce à dire que celui qui sera muni d'un permis de chasse pourra chasser sur la propriété d'autrui; que celui qui a obtenu un brevet d'invention ne pourra être poursuivi en contrefaçon? Non, certes. Eh bien! pas davantage un usinier autorisé à user des eaux ne pourra s'en servir et se les approprier, si elles appartiennent à autrui.

3e *système.* Il tient un moyen terme entre les deux premiers. S'agit-il de dommages résultant de la surélévation des eaux, l'administration a seule mission d'estimer s'ils sont assez graves pour faire obstacle à l'existence de l'établissement; quant aux tribunaux, ils ne peuvent qu'accorder des dommages-intérêts. Les tiers invoquent-ils, au contraire, non plus la nocuité de l'établissement, mais des droits résultant de titres et d'actes du droit commun (ex. propriété, canal privé, servitude inconciliable avec le nouvel œuvre, convention de ne pas l'entreprendre), le devoir du juge est de réprimer pour le passé et d'interdire pour l'avenir l'exécution des travaux dans les points préjudiciables aux droits qu'il est chargé de faire respecter. (Dufour, *dr. adm.* 506; Devilleneuve, 56, 2, 338 note, et 35, 2, 530; M. Lamache à son cours; Chauveau, *Compét. adm.* 2, p. 353; 1, p. 35, et 2, p. 59; journal 1860, p. 426).

R. On invoque l'autorisation; mais l'autorisation est faite pour préserver le public contre l'usinier et non l'usinier contre le public.

«L'autorité seule, dit-on, a le pouvoir de fixer la hauteur des eaux». Sans doute, mais «de manière à ne nuire à personne.»

«L'inondation, les infiltrations ne sont que de simples dommages.» C'est faux : l'établissement d'un barrage est une servitude dans toute la force du terme : il y aurait là une servitude légale d'utilité publique fort onéreuse, qui dans le silence des lois ne se présume pas.

3° *Incompétence du conseil d'État.*

Si les tiers soutiennent que le nouvel établissement présente des dangers pour la salubrité etc., c'est une question de police qui est du ressort de l'administration active et de la compétence exclusive du préfet et du ministre depuis le décret de 1852.

L'autorisation, régulière dans la forme, ne peut donc être attaquée que comme entachée d'excès de pouvoir. Or, si l'acte administratif n'est qu'une simple permission accordée sous les rapports de police et sous la réserve des droits que les tiers peuvent avoir à la propriété ou à l'usage des eaux, il est évident qu'il n'y a aucune atteinte à ces droits et, par suite, aucun excès de pouvoir (Foucart, 3° éd., p. 431).

4° *Jurisprudence.*

La jurisprudence du conseil d'État fut contraire au respect des droits privés jusque vers 1825.

A partir de cette époque, elle est favorable à la propriété (22 juin 25, rendu même à l'occasion d'un cours d'eau navigable, 2 août 26, 13 juil. 28, 11 fév. et 6 mai 29, 2 mars 32, 13 fév. 28, v. S., note). La demande avait pour but d'obtenir du juge de paix la démolition d'un barrage autorisé ; le préfet éleva le conflit ; l'arrêté de conflit fut annulé, « attendu que l'autorisation ne constitue qu'une simple permission accordée sous les rapports de police et sans préjudice des droits relatifs à la propriété du sol, à l'usage des eaux et autres droits des tiers. »

Un arrêt du 18 juillet 38 (44, 88) marque le retour du conseil d'État à sa première doctrine : « Considérant que les riverains peuvent réclamer des dommages-intérêts devant les tribunaux ; mais que, s'ils se plaignent que les établissements autorisés par l'administration ont rendu la pente plus ou moins rapide ou font refluer les eaux sur leur propriété, cette réclamation qui tend à révoquer ou modifier l'acte administratif, ne peut être portée devant l'autorité judiciaire, l'arrêté de conflit est maintenu. » (Cons. 19 avr. 55, 735).

Depuis cette époque, le Conseil d'État a rendu des arrêts de deux sortes. Les uns admettent le recours contentieux des tiers pour excès de pouvoir ; les autres le rejettent, « parce que l'autorisation, n'étant qu'une simple permission de police, ne fait pas obstacle à ce qu'ils fassent valoir leurs droits privés devant les tribunaux. » Quelle est, en s'exprimant ainsi, l'idée du Conseil d'État ? Sans doute de réserver l'action en dommages-intérêts uniquement.

Arrêts qui admettent le recours et annulent des arrêtés d'autorisation : 18 août 56, 57, 458 (autorisation d'élargir une promenade communale : atteinte aux droits acquis à l'usage des eaux); 3 juin 58, 59, 272; 19 mars 68, 69, 92 (autorisation d'exhausser un barrage, nonobstant une convention privée).

Arrêts qui rejettent le recours : 24 avr. 56, 57, 154 (autorisation d'augmenter la chute d'eau de l'usine au moyen de dragages opérés en aval); 3 fév. 59, 565 (autorisation d'élargir l'un des bras de la rivière, diminution du volume d'eau débité par l'autre bras); 15 fév. 66, 67, 247 (autorisation d'un barrage pour lavoir, les tiers se plaignent de l'alluvion); 18 fév. 66, 67, 205 (autorisation d'un barrage, un tiers se plaint d'un remous vis-à-vis de sa propriété).

Quant à la Cour de cassation, elle refuse aux tribunaux le droit d'ordonner la suppression des ouvrages autorisés (Cass. 13 mars 10; 14 fév. 33, 418; 2 juil. 39, 845; 26 janv. 41, 409; 24 fév. 45, 528 (hauteur de chute); Douai 13 juillet 55, 56, 337 (droit à l'usage des eaux); Cass. 13 nov. 67, 68, 19 (la suppression ne paraît pas avoir été demandée); Agen 26 juil. 65, 66, 115 (refuse la suppression sur un cours d'eau naturel, l'ordonne sur un canal privé).

Toutefois, Daviel (III, 986 *bis*) cite un arrêt de cassation (2 avr. 44) favorable aux droits des tiers (la hauteur de chute autorisée est modifiée par la Cour de Rouen en exécution d'une convention privée et sous réserve des droits de police de l'administration).

Quand l'ouvrage n'est pas autorisé, la Cour de

cassation reconnaît-elle du moins aux tribunaux le droit de fixer le niveau entre les parties et sous réserve du droit de police de l'administration ? La jurisprudence a varié : les tribunaux devront renvoyer à l'autorité administrative qui appréciera les droits privés (!) et fera le règlement (Cass. 28 déc. 30 ; AR. 2, p. 531, n. 39); — les tribunaux pourront ordonner la suppression, mais non la réduction du barrage (30 août 30); — ils pourront même ordonner la réduction, mais seulement si le demandeur invoque un titre (4 juin 34, 35, 669) ou sa possession (18 avr. 38, 547).

Des droits privés auxquels l'établissement autorisé peut porter atteinte.

Leur étude nous ferait sortir des limites de ce sujet : nous n'en indiquerons que quelques-uns, à raison des rapports directs qu'ils présentent avec la matière des usines et des cours d'eau.

1° *Convention privée relative à la concurrence.*

En principe, l'industrie est libre ; cependant la convention de ne pas faire concurrence est licite ; on peut, par exemple, en achetant un terrain, s'engager à ne pas y établir une usine qui fasse concurrence à celle du vendeur.

Une pareille convention constitue-t-elle une servitude grevant l'héritage lui-même et le suivant entre les mains même des acquéreurs à titre particulier, ou n'en résulte-t-il qu'une obligation de ne pas faire ? Je ne puis voir là une servitude, c'est-à-dire une limitation « quæ prædii causam meliorem

aut amœniorem faciat,» suivant l'expression de Cujas. L'usine ne marchera pas mieux, l'exploitation
n'en sera pas plus facile, le séjour plus agréable :
ce n'est pas sa condition qui est améliorée, mais
la clientèle de l'usinier. Le profit est tout personnel
(Bruxelles, 8 mars 1809; Liége, 26 août 11; Dav.,
607).

De même, si celui qui a acquis par prescription
un droit de prise d'eau sur le bief d'une usine,
change d'industrie et utilise la force motrice pour
une usine rivale, on ne peut voir dans ce fait une
aggravation de servitude, pas plus que si celui qui
a acquis une servitude de jour sur la cour d'un
photographe, emploie la lumière qui lui arrive par
ce jour, à faire de la photographie. (*Contra* Cass.
18 juin 6; 15 janv. 34, 491; 5 mai 57, 335; Nancy,
9 déc. 39; Dav., 671; Pardessus, n° 285, 8° éd.;
V. 6 mars 49, 499.) Toutefois l'on pourrait par convention soumettre l'établissement d'une servitude
de prise d'eau à une limitation de cette nature (AR.,
2, p. 564, n. 15 et 16; 9 déc. 39, 918).

2° *Concessions successives de la même pente.*

Les tribunaux considèrent tous les actes administratifs comme faits en vue de l'utilité générale,
et assimilent par suite les simples permissions d'u-
sine à des règlements de répartition : il en résulte
que, de plusieurs concessions, celle qui doit être
appliquée de préférence, c'est la plus récente, sauf
l'action en dommages-intérêts du premier concessionnaire contre le second (AR. II, p. 526, n. 4, et
p. 140, n. 39). Toute cette jurisprudence est direc-

tement contraire aux principes que nous avons adoptés sur le caractère et la nature des actes d'autorisation.

3° *Atteinte à la continuité de l'écoulement et à la pureté des eaux.*

L'autorisation ne confère pas le droit de causer aux riverains aucun dommage injuste.

Ainsi il est interdit d'établir des ouvrages qui causent l'infiltration des eaux dans les fonds voisins. (Cass. 26 mars 44, 478; AR. 2, p. 526, n. 24).

Ainsi l'écoulement naturel des eaux ne peut être modifié par des ouvrages qui en rendent le cours intermittent.

On a invoqué l'impossibilité d'utiliser l'eau autrement que par éclusées. Mais il est toujours possible, même dans ce cas, de restituer au cours d'eau sa régularité par un étang de compensation (AR. 2, p. 526, n. 23, et p. 140, n. 38; Cass. 3 août 52, 652).

Toutefois je pense que les tribunaux peuvent permettre de maintenir en temps d'étiage le niveau du repère au moyen d'un seuil mobile, ou mieux encore d'une *vanne à réversoir* (Dav. 652), bien que le volume d'eau transmis en aval se trouve diminué chaque fois que le seuil est exhaussé. Il n'y a pas là, en effet, de préjudice sérieux pour les propriétaires inférieurs, tandis qu'il y a un grand avantage pour l'usinier à conserver sa hauteur de chute. (Dal. n. 387; Dav. 999°; Demol. XI, 168).

De même encore la pureté des eaux ne peut être altérée. (AR. 2, p. 489, et p. 526, 22; Cass. 9 janv.

56, 27; 27 avr. 57, 817). Toutefois la rigueur du principe est encore ici tempérée par l'appréciation des tribunaux. (Dal. 390; Bourges 11 juin 28).

Le projet de code rural permettait au préfet d'affecter un cours d'eau aux opérations industrielles moyennant indemnité pour les riverains (art. 36).

La prescription pourrait-elle faire acquérir le droit de marcher par éclusées ou de corrompre les eaux? Non, en général, car ce serait une servitude discontinue et non apparente. (*Contra* Dav. 637). Toutefois on pourrait concevoir tel artifice apparent et permanent, par exemple un siphon intermittent, susceptible de fonder la prescription. (v. Garnier, 901; Orléans 27 janv. 60, 37).

4° *Inondation du terrain d'autrui.*

On a soutenu qu'un usinier, quand il s'est conformé à toutes les prescriptions de son règlement, qu'en temps de crue il a ouvert ses vannes etc., n'est pas responsable du dommage occasionné par son barrage. C'est contraire à l'art. 1382, (Cass. 13 nov. 38, D. 38, 408; Demol. n. 653; Dal. 254). Il répond de tout le dommage qui ne fût pas arrivé, si l'ouvrage n'eût pas existé.

— Le droit d'inonder les propriétés voisines peut-il s'acquérir par prescription? Qu'on ne dise pas tout d'abord que ce fait constitue un délit aux termes de l'art. 457 C. p. et art. 15, l. 1792, et qu'un délit longtemps continué ne peut constituer un droit. Il n'est pas douteux que la convention puisse assujettir les héritages voisins à subir une surélévation dommageable des eaux. Pourquoi la prescription ne produirait-elle pas le même effet?

Le fait de couper des branches de haie vive constitue un délit aux termes de l'art. 17 de la même loi, et cependant l'art. 670 du C. N. déclare que ce fait peut en faire acquérir la propriété exclusive; et le vol lui-même fait-il obstacle à la prescription, par le voleur, de l'objet volé? Ce sont là, en effet, des matières d'intérêt privé qui n'engagent en rien l'ordre public. Au reste, celui-ci n'est pas compromis, puisque le pouvoir de police n'a pas à tenir compte des droits acquis. Il va sans dire que la prescription ne pourrait conférer le droit d'inonder un chemin qui fait partie du domaine public et qui par suite est inprescriptible; mais je pense qu'il en serait autrement d'un chemin rural.

Le fait d'inonder la propriété d'autrui peut fonder la prescription s'il se rattache à un ouvrage apparent et permanent, tel qu'un barrage fixe. C'est ainsi que le propriétaire d'un lac ou d'un étang peut en étendre les limites par prescription en exhaussant son déversoir (Cass. 18 nov. 51, 52, 351; Dal. 253 et 257). Aussi a-t-il été décidé qu'on a le droit de maintenir son réservoir toujours rempli, lors même que de temps immémorial on le laisse vide 12 heures sur 24 (Cass. 4 déc. 37, 38, 86). Au contraire, les inondations résultant du voisinage d'un canal ne fondent pas la prescription, parce qu'elles ne sont pas liées à l'existence d'un ouvrage permanent, mais résultent de la négligence de l'usinier à lever des vannes mobiles de décharge.

— S'il existait un règlement général de répartition, pourrait-on prescrire contre lui ? La question est diversement résolue : Oui (AR. 2, p. 528, n. 32, et p. 533, n. 31 ; Demol. XI, 183 ; Grenoble 17 août 42, 44, 481) ; non (Paris 30 avr. 44, 484 ; Cass. 9 mai 43, 769 ; 3 août 63, 413).

— Quel est le point de départ de la prescription ?

C'est le jour où s'est trouvé terminé l'œuvre dommageable (Cass. 26 juil. 64, 138 ; établissement construit sans autorisation sur un cours d'eau navigable ; AR. 2, p. 551, 30) ou même, croyons-nous, le jour où par suite d'accidents naturels survenus dans le cours des eaux, l'ouvrage est devenu dommageable : en effet, si les tiers n'ont pas agi, on ne peut en induire un consentement tacite : c'est qu'ils ne pouvaient justifier d'aucun dommage même éventuel : « *Contra non valentem agere non currit præscriptio.* »

— Peut-on, après que la prescription est accomplie, réclamer la réparation d'un dommage commis avant qu'elle ne le soit et depuis moins de trente ans ? Non, puisque, par suite de l'effet rétroactif de la prescription, le droit est à considérer comme ayant existé dès le début de la possession. *Non obstat*, Cons. 19 juil. 55, 56, 248 ; car l'état des lieux n'était pas de nature à fonder la prescription (AR., 2, p. 290, n. 3).

— Pour qu'il y ait *délit*, le fait d'inondation doit avoir été commis (Dal., domm. n. 335).

L'art. 457 suppose que le niveau a été fixé par l'administration et que l'usinier l'a dépassé ; prescription de trois ans (art. 638, inst. cr.).

L'art. 15 (6 oct. 1790) s'applique lors même

qu'aucun niveau n'a été déterminé (Cass. 4 nov. 24, 25, 90) et il comprend non-seulement l'inondation, mais encore toute *transmission nuisible* des eaux, par exemple le reflux sous la roue d'un usinier d'amont (Cass. 23 janv. 19, 176), ou l'écoulement des eaux par éclusées au préjudice des riverains inférieurs (Cass. 4 sept. 35, D., 36, 1, 318); prescription d'un mois (tit. I, sect. 7, art. 8). La compétence se règle sur l'art. 466, inst. cr. : le juge de simple police est compétent pourvu que la partie ne se plaigne pas d'un dommage supérieur à 15 francs (Dal., Dr. rural, n. 218).

—S'il s'agit d'une cause permanente de dommage qui tende à grever perpétuellement la propriété, c'est le propriétaire qui a qualité pour agir; car dès que les tiers excipent de droits réels, lui seul peut engager et soutenir le débat avec eux (Cass. 6 juil. 41. D. 41, 293). Quant à la réparation du dommage causé, elle ne peut être poursuivie que par celui qui l'a subie, c'est-à-dire le locataire : il faut donc qu'il soit en cause (Rouen 20 mai 37; Orléans 13 déc. 55, 56, 340). Le locataire devra donc s'adresser à son propriétaire, afin que celui-ci fasse cesser le trouble. Mais il doit conclure directement contre l'auteur du préjudice les indemnités auxquelles il a droit (Dav. 674 *bis*); il ne peut les conclure contre le propriétaire à titre de garant du trouble, car le propriétaire répondrait : « Mais il n'y a pas éviction, car mon immeuble n'est pas grevé de la servitude qu'on prétend. » (Alt. 3, § 366, d et e, n. 23.) L'action en réparation du dommage causé par le locataire d'une usine qui a exhaussé le déversoir, ne peut être dirigée que contre lui, non contre le propriétaire (Cass. 12 juin 55, 710).

Recours de l'usinier.

1° *L'autorisation a été accordée sous certaines conditions.*

Pour soutenir que le recours doit être rejeté, on peut dire : «Il s'agit d'un acte d'administration pure et par conséquent non susceptible de recours contentieux.» Mais on peut répondre : «Sans doute le conseil d'État ne pourrait contrôler les mesures de police ordonnées par l'administration, sans entraver son action. Mais il n'en résulte pas que tous les actes du préfet soient présumés *juris et de jure* faits en vertu de ce pouvoir de police, alors surtout qu'il les a motivés sur des raisons tirées d'un autre ordre d'idée et que l'enquête démontre qu'il n'a consulté que des intérêts privés.»

Nous croyons donc qu'il faut distinguer entre les deux questions suivantes : 1° L'arrêté a-t-il eu en vue un intérêt de police? 2° Cet intérêt a-t il été bien ou mal compris par l'arrêté? Celle-ci est du ressort exclusif de l'administration active; pour apprécier la première, au contraire, le conseil d'État est compétent.

Ainsi il ne suffit pas à un préfet, pour soustraire son arrêté à toute discussion, d'invoquer l'utilité générale : une allégation aussi vague ne présenterait aucun caractère sérieux. Il faut qu'il précise les inconvénients à redouter : inondations, émanations insalubres, et que les rapports d'experts, les faits articulés dans l'instruction donnent quelque vraisemblance aux dangers allégués.

Telle est aussi l'opinion du conseil d'État; elle ressort de l'examen auquel il se livre pour chaque article de l'arrêté, afin de rechercher s'il a eu réellement en vue un intérêt de police (Cons. 19 mars 68, 69, 92).

«En ce qui touche la disposition de l'arrêté attaqué, qui a mis à la charge de l'usinier divers travaux d'assainissement à exécuter sur les deux rives du bief : considérant qu'il est établi par l'instruction que ces travaux étaient moins destinés à prévenir les dommages que le maintien de la retenue à son niveau actuel pourrait causer aux propriétés voisines, qu'ils n'avaient pour objet d'amener le dessèchement d'une étendue considérable de terrains d'une nature marécageuse; que, dans ces circonstances, les requérants sont fondés à soutenir que le préfet, en mettant ces travaux à leur charge, a excédé la limite de ses pouvoirs» (Cons. 24 fév. 65, 66, 102).

«Sur les dispositions dudit arrêté relatives à l'étendue et à l'exercice du droit d'irrigation — considérant que le pétitionnaire et d'autres riverains étaient en instance devant l'autorité judiciaire pour être fait droit sur leurs prétentions respectives à l'usage des eaux pour l'irrigation de leurs propriétés, soit par application des articles 644 et 645 CN., soit en raison des possessions qu'ils alléguaient; que, dans ces circonstances, le préfet, en intervenant dans ce débat privé par un règlement qu'aucun intérêt public ne commandait, a excédé la limite de ses pouvoirs» (Cons. 18 avr. 66, 67, 204).

2° *L'autorisation a été refusée.*

1° L'arrêté a supprimé un ancien barrage.

Conformément aux principes que nous avons développés, le conseil d'État a décidé que le préfet ne peut sans enquête préalable prescrire la destruction de barrages mobiles établis sur un cours d'eau non navigable et dont l'état ancien n'a pas été modifié, alors, du reste, qu'il n'existe aucune urgence à supprimer ces barrages dans l'intérêt de la salubrité (Cons. 20 juil. 67, 68, 238; 18 juin 64, 188).

Il a même été décidé qu'un préfet ne peut prononcer le chômage d'une usine, comme peine administrative, pour punir l'usinier des infractions à son règlement (Cons. 5 sept. 21, 478).

Les arrêts qui suivent annulent plusieurs arrêtés préfectoraux supprimant d'anciens barrages. Ils étaient entachés d'un double excès de pouvoir : 1° ils n'avaient pas pour base un intérêt de police : 2° ils portaient sur des eaux privées autres que celles de l'article 644, soustraites par conséquent au pouvoir réglementaire même de l'administration supérieure (Cons. 14 mars 61, 366; 23 déc. 58 et 1er mars 60, 345 et 346; 24 janv. 56, 647; 3 juin 58, 59, 272).

Les droits de celui dont le barrage est supprimé ou abaissé sont réservés contre les tiers (Cass. 24 fév. 48, 828; Cons. 4 avr. 56, 57, 188).

2° L'arrêté a refusé d'autoriser la construction d'un nouvel établissement.

Les mêmes règles sont applicables. L'arrêté de refus a-t-il été réellement inspiré par un intérêt de police, le conseil d'État le maintient sans examiner le fonds. Tel est sans doute le sens des arrêts des 4 avr. 56, 57, 155; 22 mars 67, 95; 8 avr. 66, 67, 204, 2° al.

L'arrêté est-il, au contraire, fondé sur un motif étranger à la sécurité publique, le conseil d'État l'annule; par exemple : Existence de droits privés, allégués par des tiers opposants et contredits par le pétitionnaire, dont le préfet s'est incompétemment attribué l'appréciation (Cons. 28 fév. 28; Dav. 639). Danger de la concurrence pour les usines du département (Cons. 5 janv. 13; 22 juil. 18; Dav. 621; Dal. 418). «L'autorité administrative n'a point à statuer sur le mode d'industrie projetée ni à se régler soit sur la quotité d'ouvriers à employer soit sur le nombre des usines existantes» (art. 53; Projet de 1835). Intérêt même du pétitionnaire, cependant Garnier cite un arrêt de refus fondé sur ce que l'usine marchera mal.

Le conseil d'État ne peut, depuis le décret de 1852, en annulant pour excès de pouvoir l'arrêté, évoquer le fonds et statuer lui-même sur la demande d'autorisation (Cons. 28 juil. 59, 60, 396).

Inobservation des formalités prescrites par les circulaires ministérielles.

Il faut distinguer entre les formalités qui ont été prescrites dans l'intérêt des parties et d'autres qui n'auraient, par exemple, pour but que de maintenir la centralisation administrative. Les parties ne pourraient se prévaloir de l'inobservation de celles-ci (Cons. 19 mars 68, 69, 92; 19 avr. 55, 735), tandis qu'il serait inique de les priver de celles-là. (Cons. 15 juin 64, 150; 20 juil. 67, 68, 238; décret 25 mars 1852, art. 4, tabl. D. n. 3 et 4).

Qui paie les frais de l'instance devant le conseil d'État?

C'est toujours le particulier, lors même que sa réclamation a été reconnue fondée et que l'acte administratif a été annulé comme entaché d'excès de pouvoir. C'est là un principe inique, contraire à l'art. 130 C. pr., que le conseil d'Etat n'applique pas seulement à la matière des cours d'eaux, mais toutes les fois que l'État perdant a agi non comme propriétaire ou comme partie contractante, mais comme dépositaire de la puissance publique (Cons. 30 mars 67, 68, 368; v. 2 nov. 64).

Quelle est la durée du délai de recours?

La disposition de l'art. 11. du décret du 22 juil. 1806, qui fixe à 3 mois le délai du recours au conseil d'État, s'applique même au recours contre un arrêté préfectoral pour excès de pouvoir. (Cons. 20 mars 62, 63, 92; 6 juil. 63, 182; Serrigny, Organ. et compét. adm. t. 1, n. 1031 et s.; et Chauveau, Instr. adm. t. 1, n. 595). Ce délai de 3 mois ne s'applique, au contraire, qu'aux pourvois formés par la voie ordinaire de l'appel d'après Dufour. Dr. adm. 2ᵉ éd. t. 1, n. 449, et Foucart, Élém. de Dr. publ. 2ᵉ éd. t. 3, n. 1978 et s., suivant lesquels l'intérêt public exige que l'incompétence et l'excès de pouvoir puissent être réprimés à toute époque. (V. aussi Cormenin, Dr. adm. 5ᵉ éd., v. Rejet des requêtes § 4, t. 1, p. 138 et s.)

Il est une autre fin de non-recevoir fondée sur un acquiescement tacite : elle résulte de ce qu'on a demandé contre le propriétaire l'exécution des clauses de son acte d'autorisation. (Cons. 13 juil. 60, 635).

Indemnité pour suppression.

1° La suppression est exigée par un intérêt de police.

Il n'est dû aucune indemnité quand le barrage autorisé devient une cause d'inondation pour les propriétés voisines : l'autorisation n'a pu conférer le droit de nuire à autrui et, lors même que le barrage existerait depuis plus de 30 ans, s'il constitue un danger public, la suppression en peut être ordonnée sans indemnité : *juri publico non præscribitur.* Il en est ainsi lors même que l'établissement, innocent à l'origine, n'est devenu nuisible que plus tard par suite d'une modification naturelle du cours d'eau (Dav. 2, 567). Aussi l'article 12 du décret du 15 oct. 1810, qui permet à l'autorité de prononcer la suppression des établissements insalubres de 1re classe, ne réserve pas de droit à indemnité en faveur du propriétaire. De même on fait abattre un cheval morveux, on défend de louer un logement insalubre : dans tous ces cas, il n'y a lieu à aucune indemnité, parce qu'on frappe la cause même du mal et on l'empêche de nuire. (Macarel IV, p. 129; Dal., 410 : Cons. 24 janv. 34; Batbie V, p. 582; Cons. 6 août 39, 40, 184).

Encore, si le barrage était devenu nuisible par suite de changements résultant non pas d'un événement naturel, mais de travaux particuliers ou même d'utilité publique, y aurait-il lieu à une action en dommages-intérêts contre l'auteur de ces travaux.

2º *La suppression est nécessitée par des travaux d'utilité publique.*

Le préfet, en accordant une autorisation sur un cours d'eau non navigable ni flottable, ne peut se réserver le droit de la retirer sans indemnité, pour travaux d'utilité publique (Dav. 2, p. 72; Cons. 13 juin 60, 507; 20 juin 65. D. 66, 25; 24 fév. 65, 66, 102; 21 juin 66, 67, 242; v. 19 mars 68, 69, 92; V. Dufour, nº 524 : 1842-1853, jurispr. contraire).

Toutefois, de ce principe (contre lequel nous avons déjà protesté) que l'autorisation seule confère un droit à la pente, on tire cette conséquence, qu'il n'est dû d'indemnité que si l'usine est autorisée (Cons. 9 fév. 54, 480), et qu'il n'y a pas à tenir compte de l'augmentation de la force motrice par suite d'ouvrages qui, modifiant le régime des eaux, auraient dû être autorisés et ne l'ont pas été

(Cons., 22 et 29 nov. 51, 52, 287; 26 août 58, 59, 702; Dal. 401 et 409; art. 48, 1. 16 sept. 1807).

— *L'expropriation est-elle nécessaire pour la suppression de la force motrice?* Et d'abord la force motrice des usines est-elle susceptible de propriété ?

Le conseil d'État répond «oui sous l'ancien droit (Cons. 22 et 29 nov. 51, 52, 187; 1er fév. 445), non sous la législation actuelle (28 mai 52, 694; 27 août 57, 694; 27 août 57, 58, 652, 18 avr. 66, 67, 204.)» La Cour de cassation admet que même aujourd'hui la force motrice accordée par l'administration constitue au profit du cessionnaire une propriété (21 mai 55, 561).

— En résulte-t-il que l'expropriation soit nécessaire pour supprimer la force motrice ? Avant l'arrêt du tribunal des conflits, 29 mars 50, les tribunaux exigeaient les formalités de l'expropriation (Cons. 7 nov. 34, 35, 503; Paris 11 août 35, 401); car la suppression ou la réduction perpétuelle de la force motrice constitue un dommage permanent. Mais depuis ce revirement de la jurisprudence si contraire, sinon au texte du moins à l'esprit de la loi, à l'ensemble des principes du droit et au respect de la propriété, l'expropriation est inutile; car il n'y a pas atteinte directe à la propriété corporelle : on peut par des travaux pratiqués en amont détourner le cours de l'eau, sans produire aucune lésion matérielle à l'immeuble (Cons. 27 août 57, 58, 652; 18 mai 58, 59, 263). De même une source est susceptible de propriété, et cependant l'Etat peut en acquérant une partie du fonds où elle naît, y pratiquer des fouilles et la faire tarir, sans qu'il y ait lieu à expropriation. Il n'y a là qu'un dommage permanent.

Mais quand il y a en même temps dépossession d'une parcelle d'immeuble corporel (sol ou bâtiment), si minime qu'elle soit, l'expropriation est indispensable (Cons. 38 mai 52, 694; Cons. 27 août 57, 58, 652); le jury est seul compétent pour fixer l'indemnité. C'est évident pour le sol occupé ou le bâtiment détruit. — Mais, dans ce cas, l'indemnité pour la force motrice supprimée devra-t-elle être fixée par le jury, conformément aux articles 21, 22 et 39 de la loi du 3 mai 41, ou, en d'autres termes, est-elle à considérer comme un accessoire de l'immeuble, au même titre que des servitudes qui pèseraient sur lui? L'affirmative ne nous paraît pas douteuse, la force motrice est pour ainsi dire l'âme de l'usine.

Et cependant le conseil d'État, contrairement à la Cour de cassation, fractionne la compétence et renvoie la fixation de l'indemnité pour la force motrice au conseil de préfecture (Cons. 18 mai 52, 694; 18 mars 58, 647, Depeyronny et Delamare, Expropriation, p. 96—100); toutefois certains arrêts paraissent admettre la connexité (21 juil. 53, Duf., n° 521; Cons. 21 juin 66, 67, 246).

Si l'État fait sur le cours d'eau des ouvrages apparents et permanents susceptibles de lui faire acquérir par prescription le droit de dériver une portion des eaux au détriment de l'usinier, mais qu'il ait payé tous les ans une indemnité pour le préjudice qu'il causait, la servitude est-elle acquise au bout de trente ans et l'État se trouve-t-il déchargé

de l'obligation de réparer le dommage qu'il cause ?
Je ne le crois pas (contrairement à Dufour, n. 526) ;
je pense que le paiement de cette indemnité con-
tient une reconnaissance expresse du droit de l'u-
sinier et fait obstacle à l'acquisition de la servitude
par prescription à son égard (AR. 2, p. 552, n. 16) ;
toutefois, d'après les principes généraux, l'acte
qui implique une pareille reconnaissance n'est susceptible d'être prouvé que par titre (AR. 5, p. 703.

3° *La suppression résulte d'un acte de disposition du propriétaire de l'eau.*

Celui-ci ne doit aucune indemnité, *suo jure uti-
tur.* Ainsi le propriétaire de la source, tête du
cours d'eau, a le droit de la vendre à une ville
pour l'emmener à l'aide d'aqueducs (Cass. 8 fév. 58,
193, ville du Havre, combattu par Serrigny, *Bul-
letin des tribunaux*, 20 juin 63. — Le décret du
4 mars 62 qui déclare d'utilité publique le canal
qui amène à Paris l'eau des sources de la Dhuys
fut déféré comme inconstitutionnel au Sénat ; mais
celui-ci, sans s'y arrêter, vota l'ordre du jour par
75 voix contre 10). De même, lorsqu'une commune
exproprie pour cause d'utilité publique le propriétaire de la source, elle ne doit aucune indemnité
aux propriétaires inférieurs qui n'ont acquis aucun
droit sur la source (v. Cons. 15 avr. 68, 69, 127).
Celui qui a, sur le canal de fuite d'un moulin,
construit une usine avec l'autorisation administrative, peut en être privé par le meunier, s'il n'a pas
prescrit le droit à l'usage de l'eau par des travaux

apparents pratiqués sur le canal lui-même (Cass. 24 déc. 60, 62, 977).

Celui qui se sert d'eaux de pluie peut s'en voir priver par le propriétaire du fond où elles tombent et même, à la différence des eaux de source, par tous les propriétaires intermédiaires (AR. II, p. 525, n. 19). Doit-on, avec Daviel, assimiler aux eaux de pluie ces eaux d'origine multiple et incertaine qu'il appelle l'égout des prés et que les Italiens nomment *colatures?*

Conclusions.

1. Le droit réel que les riverains ont sur les cours d'eau non navigables ni flottables ne saurait se concevoir sans le droit à la pente : la jurisprudence qui attribue à l'État la disposition de la pente, tend à supprimer le droit des riverains à l'usage de l'eau.

2. La jouissance du droit ne peut être enlevée aux riverains sans indemnité, lors même qu'ils n'en ont pas encore fait usage ou qu'ils en ont fait usage sans la permission administrative.

3. L'exercice du droit est subordonné à l'autorisation administrative : celle-ci n'est qu'une simple permission de police; tout autre intérêt doit lui être étranger.

4. Elle ne saurait être suppléée ou étendue par les tribunaux; aussi, quand elle a été refusée, retirée ou accordée sous des conditions onéreuses, le pétitionnaire n'a d'autre voie que le recours devant le conseil d'État pour inexécution des formes ou pour excès de pouvoir (insuffisance du délai de trois

mois et injuste recouvrement des frais contre le gagnant).

5. Les effets de l'acte d'autorisation peuvent être restreints par les tribunaux dans la limite des droits du concessionnaire : cette voie de recours suffit aux tiers ; c'est celle qui présente pour eux le plus de garanties.

6. Les règlements d'administration publique qui ont pour but la police ou la répartition des eaux doivent, au contraire, être appliqués par les tribunaux sans égard aux droits acquis.

Les droits auxquels ils portent atteinte, ne sont pas suffisamment protégés alors même qu'on reconnaîtrait aux riverains la faculté de recourir les uns contre les autres en dommages-intérêts, pareille action devant être le plus souvent illusoire. Leurs droits ne seront garantis et respectés que quand ils auront un recours direct contre l'État, comme au cas de dommages soufferts par suite de mesures de sécurité générale ou de travaux d'utilité publique, sauf à l'État à recouvrer ces frais contre ceux qui ont réellement profité du règlement.

Vu   *Vu*

Par le professeur soussigné, Président   *le soussigné Doyen.*
de l'acte public.

Strasbourg, le 3 août 1869.   Strasbourg, le 3 août 1869.

HEIMBURGER.   **C. AUBRY.**

Permis d'imprimer:

Strasbourg, le 3 août 1869.

Le Recteur,

A. CHÉRUEL

TABLE.

—

	Page
Propriété des cours d'eau non navigables ni flottables	14
1° — 1er système. Propriété de l'État	14
2° système. Sont *res nullius*	16
3e système. Propriété des riverains	18
2° De la propriété de la pente en particulier	18
3° Jurisprudence de la Cour de cassation	19
Pouvoirs de l'administration sur les cours d'eau non navigables ni flottables	21
1° Règlements de répartition	21
2° Règlements de police	23
3° Autorisations	24
Du droit d'autoriser les établissements sur les cours d'eau	25
1° Historique et législation actuelle	25
2° Innovations qui nécessitent l'autorisation	27
3° Péremption de l'acte d'autorisation par le non-usage	27
4° Sanction de l'obligation de se faire autoriser	27
5° Interprétation de l'acte d'autorisation	28
Recours des tiers	29
1° Pouvoir de l'administration active	29
2° Compétence des tribunaux	30
3° Incompétence du conseil d'État	32
4° Jurisprudence	32
Des droits privés auxquels l'établissement autorisé peut porter atteinte	35

                                                                    Page

1° Convention privée relative à la concurrence....... 35

2° Concessions successives de la même pente........ 36

3° Atteinte à la continuité de l'écoulement et à la pu-

   reté des eaux.................................... 37

4° Inondation du terrain d'autrui.................. 38

Recours de l'usinier.................................. 42

   1° L'autorisation a été accordée sous des conditions

      trop onéreuses............................... 43

   2° L'autorisation a été refusée.................. 44

      1. Suppression d'un ancien barrage........... 44

      2. Refus d'autoriser un nouvel établissement.... 45

   3° Inobservation des formalités prescrites par les cir-

      culaires ministérielles...................... 46

   4° Paiement des frais devant le conseil d'État...... 46

   5° Durée du délai de recours.................... 46

Indemnité pour suppression........................... 47

   1° La suppression est exigée par un intérêt de police. 47

   2° La suppression est nécessitée par des travaux d'uti-

      lité publique................................ 48

      L'expropriation est-elle nécessaire pour la suppres-

      sion de la force motrice ?................... 49

   3° La suppression résulte d'un acte de disposition du

      propriétaire de l'eau........................ 51

Conclusions 52

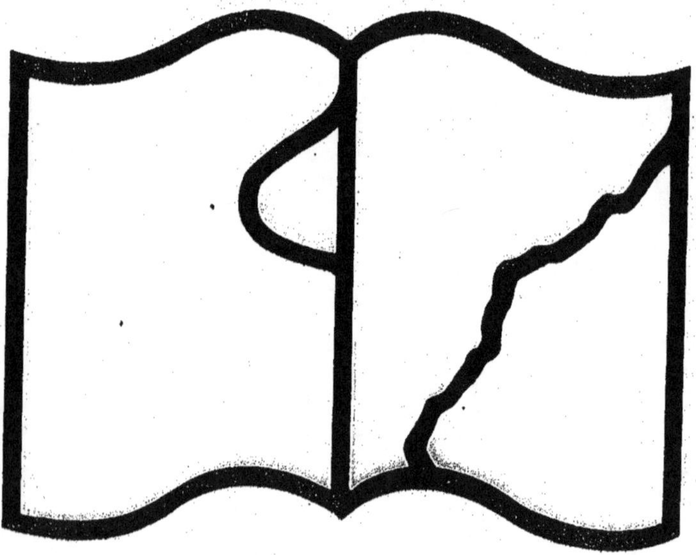

Texte détérioré — reliure défectueuse

NF Z 43-120-11